Christian Lang

Einsatzpotentiale von Crowdsourcing und Open Innovation für das Customer Experience Management

GRIN Verlag

Bibliografische Information der Deutschen Nationalbibliothek:

Die Deutsche Bibliothek verzeichnet diese Publikation in der Deutschen National-
bibliografie; detaillierte bibliografische Daten sind im Internet über http://dnb.d-
nb.de/ abrufbar.

Impressum:

Copyright © 2010 GRIN Verlag GmbH
Druck und Bindung: Books on Demand GmbH, Norderstedt Germany
ISBN: 978-3-640-83163-0

Dieses Buch bei GRIN:

http://www.grin.com/de/e-book/166793/einsatzpotentiale-von-crowdsourcing-und-
open-innovation-fuer-das-customer

GRIN - Your knowledge has value

Der GRIN Verlag publiziert seit 1998 wissenschaftliche Arbeiten von Studenten, Hochschullehrern und anderen Akademikern als eBook und gedrucktes Buch. Die Verlagswebsite www.grin.com ist die ideale Plattform zur Veröffentlichung von Hausarbeiten, Abschlussarbeiten, wissenschaftlichen Aufsätzen, Dissertationen und Fachbüchern.

Besuchen Sie uns im Internet:

http://www.grin.com/

http://www.facebook.com/grincom

http://www.twitter.com/grin_com

Hochschule Heilbronn
Technik • Wirtschaft • Informatik

Studiengang Electronic Business(EB)

Seminar E-Business Prozessmanagement

**Einsatzpotentiale des Crowdsourcings und Open Innovation für das
Customer Experience Management**

von

Christian Lang

im

Sommersemester 2010

Inhaltsverzeichnis

Inhaltsverzeichnis..II

Abkürzungsverzeichnis...III

Abbildungsverzeichnis..IV

Tabellenverzeichnis..V

Management Summary...VI

1 Einleitung...1

    1.1 Motivation...1

    1.2 Ziel der Arbeit...1

    1.3 Vorgehensweise..2

2 Crowdsourcing...3

    2.1 Grundlagen Crowdsourcing..3

    2.2 Das FLIRT-Modell...5

    2.3 Kategorisierung von Crowdsourcing-Typen...6

3 Open Innovation...8

    3.1 Closed Innovation vs. Open Innovation..8

    3.2 Open Innovation Ansatz nach Reichwald/Piller...10

    3.3 Urheberrechtliche Problematik bei Open Innovation 11

4 Einsatzpotentiale für das Customer Experience Management.................................12

    4.1 Grundlagen Customer Experience Management..13

    4.2 Einsatzpotentiale des Crowdsourcings...15

    4.3 Einsatzpotentiale von Open Innovation..18

5 Fazit & Ausblick..20

Literaturverzeichnis...22

Abkürzungsverzeichnis

CEM.. Customer Experience Management

F&E.. Forschung und Entwicklung

FLOSS.. Free/Libre Open Source Software

Abbildungsverzeichnis

Abbildung 1: FLIRT-Modell nach Viitamäki 5

Abbildung 2: Zuordnung der FLIRT-Elemente auf Entscheidunsgebenen...........................5

Abbildung 3: Closed Innovation Modell..9

Abbildung 4: Open Innovation Modell...9

Abbildung 5: 3 Prozesstypen von Open Innovation nach Gassmann/Enkel....................10

Tabellenverzeichnis

Tabelle 1: Die FLIRT-Elemente..6

Tabelle 2: Die Erlebnistypen..14

Management Summary

In der heutigen Zeit sehen sich Unternehmen zahlreichen Herausforderungen gegenüber. Auf der einen Seite verhalten sich Kunden immer unberechenbarer und werden gleichzeitig immer anspruchsvoller. Trends zeigen, dass immer besser gebildete Kunden nicht nur wissen wollen wie Produkte funktionieren, die Produkte sollen bei ihnen zudem Stimmungen auslösen. Des weiteren wünschen sich die Kunden einen Dialog mit den Unternehmen und wollen ernst genommen werden.

Aus den oben geschilderten Entwicklungen lässt sich der Schluss ziehen, dass der Ansatz des Customer Experience Management (CEM) in Zukunft an Bedeutung gewinnt. Jedoch können vom CEM allein nicht alle neuen Bedürfnisse des Kunden befriedigt werden. Das CEM managt zwar die Kundenerlebnisse über alle Kontaktpunkte hinweg, doch kann es dem Wunsch nach bspw. einem Dialog nur ungenügend entgegen kommen. Die Lösung könnte eine stärkere Integration des Kunden in das Unternehmen bieten. Aus diesem Grund wurden die Einsatzpotentiale für das CEM des recht jungen Phänomens Crowdsourcing und des Ansatzes Open Innovation anhand von Fallbeispielen aus der Praxis untersucht.

Insbesondere die Fallbeispiele der Crowdsourcing Projekte der Marken Dorito, Mountain Dew und Dell zeigten große Einsatzpotentiale von Crowdsourcing und Open Innovation auf.:

- Durch vom Kunden erstellten Content oder kommunizierte Ideen erhält das Unternehmen ein verbessertes Customer Insight

- Kunden können wichtige Erlebnistreiber der Marke wie Kommunikation (z.B. durch Werbespots) oder Produkte (z.B. durch innovative Ideen) selbst gestalten. Die Erlebniswelt der Zielgruppe wird somit viel besser getroffen bzw. die Bedürfnisse werden besser befriedigt, da die Erlebnistreiber von der Zielgruppe selbst mit erschaffen wurden.

- Kunden erhalten durch die Zusammenarbeit mit dem Unternehmen eine Gefühl der Wertschätzung und fühlen sich ernst genommen

1   Einleitung

1.1   Motivation

In der heutigen Zeit sehen sich Unternehmen zahlreichen Herausforderungen entgegen. Der Kunde hat sich im Vergleich zu der Nachkriegszeit stark verändert. Er wandelte sich von einem reinen Verbraucher mit relativ hoher Markentreue zu einem paradoxen Konsumenten, der sich nur noch schwer einer bestimmten Zielgruppe zuordnen lässt. Durch das Internet steigt die Preistransparenz, der Kunde ist also besser informiert.[1] Dies führt dazu, dass die Märkte des 21. Jahrhunderts umkämpfter denn je sind. Durch die steigende Standardisierung von Produkten wird es für Unternehmen immer schwerer sich durch Preis, Funktionalität, Qualität oder Service von der Konkurrenz zu unterscheiden.[2]

Der gestiegene Wettbewerbsdruck führt wiederum zu einem gestiegenen Innovationsdruck, der zu kürzeren Innovationszyklen, steigenden F&E Kosten, sowie mangelnden Ressourcen führt.[3]

Diese Ausführungen lassen eine nicht allzu rosige Zukunft für Unternehmen erahnen. Doch für diese Herausforderungen zeichnen sich Lösungen ab. Den neuen Bedürfnissen des Kunden kann mit Customer Experience Management begegnet werden. Hier wird sogar schon von der Zukunft des Markenwachstums gesprochen.[4] Dem höheren Innovationsdruck wird durch die Öffnung des innerbetrieblichen Innovationsprozesses nach außen Rechnung getragen. Hier spricht man vom Ansatz der Open Innovation. Hinzu kommt das recht junge Phänomen des Crowdsourcings, welches den Unternehmen neben potentiellen Kosteneinsparungen noch viel mehr zu bieten hat. Die Vermutung liegt nahe das eine Kombination dieser verschiedenen Ansätze zu Synergieeffekten für das Customer Experience Management führen kann.

1.2   Ziel der Arbeit

Das primäre Ziel dieser Arbeit lässt sich aus dem Titel ableiten. Diese Arbeit soll die Einsatzpotentiale von Crowdsourcing und Open Innovation für das Customer Experience Manage-

---

1 Vgl. Horx, M., Konsument 2010, 2000, S.2ff.
2 Vgl. IBM Business Consulting Services (Hrsg.), 20:20 Consumer Experience, 2005, S.2.
3 Vgl. Gassmann, O./Enkel, E., Theory of Open Innovation, 2004, S. 1; Gassmann, O./Enkel, E., Open Innovation, 2006, S.132.
4 Vgl. IBM Business Consulting Services (Hrsg.), 20:20 Consumer Experience, 2005, S.2.

ment untersuchen. Aus diesem Primärziel ergeben sich die sekundär Ziele dieser Arbeit. Es sollen Grundkenntnisse zu den Begriffen Crowdsourcing, Open Innovation und Customer Experience Management vermittelt werden. Dies ist nötig, damit beurteilt werden kann inwieweit Einsatzpotentiale bezüglich Crowdsourcing und Open Innovation existieren und wie diese in der Praxis umzusetzen sind.

Ziel dieser Arbeit ist es **nicht** die Begriffe Crowdsourcing, Open Innovation und Customer Experience Management im Detail zu betrachten, dies würde den Rahmen dieser Arbeit sprengen.

1.3   Vorgehensweise

Nach dieser Einleitung werden in Kapitel 2 die Grundlagen des noch recht jungen Phänomens vermittelt. Abschnitt 2.1 gibt eine Einführung zum Thema und definiert den Begriff Crowdsourcing. In Abschnitt 2.2 wird ein Vorgehensmodell aus der Sicht eines Unternehmens vorgestellt. Damit soll die Praktikabilität von Crowdsourcing unterstrichen werden. Schließlich werden in Abschnitt 2.3 die verschiedenen Ausprägungsformen von Crowdsourcing kategorisiert, um dem Leser eine gewisse Übersicht über dieses doch sehr differenzierte Thema zu geben.

Kapitel 3 ist dem Thema Open Innovation gewidmet. Abschnitt 3.1 vergleicht zunächst die Ansätze des traditionellen Closed Innovation mit dem Open Innovation Ansatz nach Chesbrough, um den Leser an das Thema heranzuführen. In Abschnitt 3.2 wird der Open Innovation der Autoren Reichwald/Piller vorgestellt, der für den weiteren Verlauf dieser Arbeit von Bedeutung ist. Abschließend zeigt Abschnitt 3.3 die urheberrechtliche Problematik, die in der Praxis beim Einsatz von Open Innovation entstehen kann auf.

Kapitel 4 bildet den eigentlich Kern dieser Arbeit. Abschnitt 4.1 führt in das Thema Customer Experience Management ein. Dem Leser sollen grundlegende Kenntnisse zu diesem Ansatz vermittelt werden, damit die nachfolgenden Ausführungen in Gänze verstanden werden können. Die Einsatzpotentiale des Crowdsourcings für das Customer Experience Management werden in Abschnitt 4.2 anhand von zwei Fallbeispielen aus der Praxis untersucht. Analog dazu werden in Abschnitt 4.3 die Einsatzpotentiale von Open Innovation untersucht.

Kapitel 5 fasst die Erkenntnisse dieser Arbeit nochmals kompakt zusammen und gibt einen Ausblick über die künftige Praxisrelevanz der Begriffe Crowdsourcing, Open Innovation und Customer Experience Management.

2 Crowdsourcing

Um die möglichen Einsatzpotentiale von Crowdsourcing und Open Innovation für das Customer Experience Management zu erkennen, muss zu aller erst ein Verständnis dieser beiden Begriffe vorhanden sein. Dieses Verständnis soll in diesem Kapitel für Crowdsourcing vermittelt werden. Das Konzept Open Innovation wird in darauffolgenden Kapitel 3 behandelt. In diesem Kapitel werden die Grundlagen von Crowdsourcing vermittelt (s. Abschnitt 2.1). Es sollen Fragen beantwortet werden wie etwa: Was verbirgt sich hinter diesem Anglizismus? Wie lässt sich dieser Begriff einordnen? In Abschnitt 2.2 wird exemplarisch anhand eines Vorgehensmodells gezeigt wie bei der Umsetzung von Crowdsourcing vorzugehen ist bzw. was es zu beachten gilt. Abschnitt 2.3 versucht die verschiedenen Ausprägungsformen des Crowdsourcings anhand von Praxisbeispielen zu kategorisieren.

2.1 Grundlagen Crowdsourcing

Das erste mal tauchte der Begriff in einem Artikel auf der Internetseite des Magazins Wired auf. Der Journalist Jeff Howe beschreibt das Phänomen anhand von aktuellen Fallbeispielen. Er spricht in diesem Zusammenhang von Crowdsourcing als einer neuen Quelle billiger Arbeitskräfte.[5] Auf seiner Homepage gibt Howe eine etwas ausführlichere Definition für Crowdsourcing:

„Crowdsourcing is the act of taking a job traditionally performed by a designated agent (usually an employee) and outsourcing it to an undefined, generally large group of people in the form of an open call"[6]

Es handelt sich also bei Crowdsourcing um eine neue Form des klassischen Outsourcings, wobei die auszulagernde Aufgabe per offenen Aufruf an eine große unbekannte Masse verge-

---

5 Vgl. Howe, J., The Rise of Crowdsourcing, 2006, S.1.
6 Howe, J., Crowdsourcing: A Definition, 2007, o.S.

ben wird. Papsdorf genügte diese Definition von Howe nicht.[7] Er veröffentlichte daher 2009 eine ausführlichere, deutschsprachige Definition:

„Crowdsourcing ist die Strategie des Auslagerns einer üblicherweise von Erwerbstätigen entgeltlich erbrachten Leistung durch eine Organisation oder Privatperson mittels eines offenen Aufrufes an eine Masse von unbekannten Akteuren, bei dem der Crowdsourcer und/oder die Crowdsourcees frei verwertbare und direkte wirtschaftliche Vorteile erlangen."[8]

Papsdorf übernimmt hier größtenteils die Definition von Howe und erweitert sie um zwei wichtige weitere Aspekte. Zum Einen definiert er wer Crowdsourcing durchführen kann. Nämlich: „...eine Organisation oder Privatperson...". Hier ist zu erwähnen, dass der Autor aus der Soziologie stammt und den Begriff nicht durch eine rein betriebswirtschaftliche Sicht verengen wollte.[9] Eine weitere wichtige Ergänzung ist die Erlangung von frei verwertbaren und direkten wirtschaftlichen Vorteilen. Dies bedeutet das Crowdsourcing kommerziell motiviert ist und somit einen ökonomischen Gewinn zum Ziel hat.[10] Dieses Merkmal lässt sich nutzen, um Crowdsourcing zu anderen Phänomenen, insbesondere im Internet, abzugrenzen. Exemplarisch soll dies für die Begriffe Mass Customization und FLOSS-Projekte (Free/Libre Open Source Software Projekte) getan werden.

Beim **Mass Customization** verrichtet der Kunde zwar auch Arbeit, er konfiguriert Massenprodukte. Allerdings sind die wirtschaftlichen Vorteile für das Unternehmen nicht frei verfügbar und es findet kein offener Aufruf zur Partizipation statt. Bei **FLOSS-Projekten** arbeiten eine Vielzahl von Usern unentgeltlich und freiwillig an der Erstellung eines Softwareproduktes. Jedoch findet dabei keine Wertschöpfung i.e.S. statt, da das erstellte Produkt nicht am Markt verkauft wird.[11]

In dieser Arbeit soll aufgrund ihrer Zweckmäßigkeit der Definition von Papsdorf gefolgt werden. Allerdings aus einer betriebswirtschaftlichen Perspektive, d.h. es wird davon ausgegangen, dass der Crowdsourcer immer einem Unternehmen entspricht. Daher soll in nächsten Abschnitt ein Modell von Crowdsourcing aus der Sicht eines Unternehmens vorgestellt werden.

---

7 Vgl. Papsdorf, C., Surfen, 2009, S.25.
8 Papsdorf, C., Surfen, 2009, S.69.
9 Vgl. Papsdorf, C., Surfen, 2009, S.70.
10 Vgl. Papsdorf, C., Surfen, 2009, S.72.
11 Vgl. Papsdorf, C., Surfen, 2009, S.74; Für eine etwas ausführlichere Darstellung der Unterschiede von Crowdsourcing und FLOSS-Projekten s. Brabham, D., Crowdsourcing, 2008, S.81ff.

2.2   Das FLIRT-Modell

Abbildung 1: FLIRT-Modell nach Viitamäki

Quelle: Viitamäki, S, The Flirt Model Update, 2007, o.S.

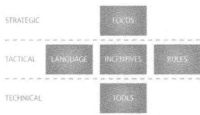

Abbildung 2: Zuordnung der FLIRT-Elemente auf Entscheidungsebenen

Quelle: Viitamäki, S, The Flirt Model Update, 2007, o.S.

Das FLIRT-Modell zeigt das Phänomen Crowdsourcing aus der Sicht eines Unternehmens. Das Modell besteht im Wesentlichen aus vier Ringen. Der äußere Ring (FLIRT-Ring) enthält eine Menge von Elementen, die es beim Einsatz von Crowdsourcing zu beachten und zu implementieren gilt. Diese FLIRT-Elemente sind: Focus, Language, Incentives, Rules und Tools. Während das Focus-Element sich eher auf der strategischen Entscheidungsebene befindet, finden sich die Elemente Language, Incentives und Rules auf der taktischen Entscheidungsebene wieder. Das Element Tools ist von technischer Natur und sollte daher erst diskutiert werden, wenn alle anderen Elemente implementiert wurden.[12] (s.Abb 2)

Tabelle 1 listet nochmals alle FLIRT-Elemente auf und gibt eine kurze Beschreibung zu jedem Element.

---

12 Vgl. Viitamäki, S, The Flirt Model Update, 2007, o.S.

Focus	In der Focus-Phase wird die Unternehmensstrategie mit den Crowdsourcing-Aktivitäte verknüpft. Die Unternehmensziele werden auf die Bedürfnisse des Kunden abgestimmt.[13]
Language	Hier geht es u.a. darum die Kunden zu verstehen, sowie authentisch und transparent zu kommunizieren.[14]
Incentives	Intrinsische und extrinsische Anreize bieten.[15]
Rules	Klare, explizt formulierte Regeln bzgl. der Teilnahmbedingungen und Erstellung des Inputs schaffen[16]
Tools	Der Crowd die passenden Tools für die Erstellung des gewünschten Inputs zur Verfügung stellen.[17]

Tabelle 1: Die FLIRT-Elemente

Die inneren drei Kreise des Modells spiegeln die Rollen wider, die ein User innerhalb eines Crowdsourcing-Projekts einnehmen kann. Im innersten Kreis finden sich die **Creators** wieder. Sie schaffen den Content bzw. bringen ihre Ideen ein. Darauf folgen die **Critics und Connectors**. Sie produzieren keinen eigenen Content, aber durch ihre Kritik tragen sie zur Verbesserung des Contents bei. Des weiteren wirken sie als Botschafter des Crowdsourcing-Projektes, betreiben also sozusagen aktiv „word-of-mouth" für das Projekt. Im äußeren Ring findet sich der Rest der Crowd wieder. Sie bildet den Hauptanteil der den Content weitestgehend nur konsumiert, bewertet und kommentiert.[18] Die inneren drei Ringe stellen somit eine etwas ausführlichere Version des weit verbreiteten, wenn auch sehr groben,1-9-90 Modell dar. Dieses besagt, dass 1 % der User Content erstellen (hier Creators) 9 % Content bewerten (hier Critics&Connectors) und 89 % der User konsumieren lediglich den Content (hier restliche Crowd).[19]

2.3   Kategorisierung von Crowdsourcing-Typen

Nachdem nun in den vorangegangenen Abschnitten die Grundlagen zu Crowdsourcing vermittelt wurden, sowie ein Vorgehensmodell zur Umsetzung gezeigt wurde, soll nun an dieser Stelle versucht werden die verschiedenen Ausprägungsformen von Crowdsourcing zu kategorisieren. Weitestgehend soll hierbei der Kategorisierung von Papsdorf gefolgt werden. Als

---

13 Vgl. Viitamäki, S, Focus, 2007, o.S.
14 Vgl. Viitamäki, S, Language, 2007, o.S.
15 Vgl. Viitamäki, S, Incentives, 2007, o.S.
16 Vgl. Viitamäki, S, Rules, 2007, o.S.
17 Vgl. Viitamäki, S, Tools, 2007, o.S.
18 Vgl. Viitamäki, S, The Flirt Model, 2007, o.S.
19 Vgl. zum 1-9-90 Modell auch Howe,J., Crowdsourcing, 2009, S.227.

Grundlage dient hierbei die Art und Weise der Integration des Kunden in das Unternehmen.[20] Er unterscheidet 5 Kategorien:[21]

- **Der offene Ideenwettbewerb**

  Ein Unternehmen startet einen offenen Aufruf an alle Internetuser ihre Ideen zu einer bestimmten Fragestellung mitzuteilen. Dies bedeutet es gibt keine Zulassungsbeschränkungen für Teilnehmer.

  Bsp.: Dell Ideastorm[22]

- **Der ergebnisorientierte virtuelle Microjob**

  Ein Unternehmen schreibt eine einzelne Aufgabe mit klar definiertem, überprüfbarem Ziel zur Erledigung gegen ein Entgelt aus. Diese Aufgaben variieren zwischen relativ anspruchslosen Fleißaufgaben (z.B. Recherche von E-Mail Adressen, Bsp. Amazon Mechanical Turk[23]), die nicht rentabel von Maschinen zu erledigen sind, über das Erstellen von Werbevideos (Bsp. MovieBakery[24]) bis hin zur Lösung komplexer Forschungs- und Entwicklungsproblemen (Bsp.: InnoCentive[25]).

- **Die userdesignbasierte Massenfertigung**

  Ähnelt dem Mass Customization, mit dem Unterschied das die Produkte ohne Crowdsourcing nicht verkaufsfähig wären, da das Unternehmen nur Rohlinge stellt. Die Benutzer designen online ihre eigenen Produkte (z.B. T-Shirts, Tapeten, usw.). Diese Produkte werden dann zum Verkauf angeboten und der User wird am Verkauf beteiligt.

  Bsp.: Spreadshirt[26] (T-Shirts), John Fluevog[27] (Schuhe)

- **Die auf Userkollaboration basierende Ideenplattform**

  User bewerten und kommentieren die Ideen anderer User. Das Unternehmen stellt nur die Plattform bereit. Da hierbei nicht ein Unternehmen Crowdsourcing be-

---

20 Vgl. Papsdorf, C., Surfen, 2009, S.52.
21 Vgl. Papsdorf, C., Surfen, 2009, S.52-66.
22 Vgl. http://www.ideastorm.com
23 Vgl. http://www.mturk.com/mturk/welcome
24 Vgl. http://www.moviebakery.com/
25 Vgl. http://www.innocentive.com/
26 Vgl. http://www.spreadshirt.de/
27 Vgl. http://www.fluevog.com/files_2/os-1.html

treibt, sondern eher Crowdsourcing von Crowd zu Crowd betrieben wird, ist diese Kategorie für die weiteren Betrachtungen in dieser Arbeit irrelevant.

Bsp.: CrowdSpirit[28], Cambrian House[29]

- **Die indirekte Vernutzung von Usercontent**

  Der Usercontent wird nicht direkt verwertet. Er wird dazu benutzt andere Ziele zu verfolgen, wie etwa Erhöhung der Popularität der Homepage, bspw. durch Beiträge von Usern.

  Bsp.: Suite101 (Userbeiträge werden mit kontextsensitiver Werbung verknüpft)[30]

3 Open Innovation

Das Phänomen Open Innovation nahm über die letzten Jahre sowohl in der Praxis, wie auch in der Theorie an Bedeutung zu. Gründe dafür sind z.B. kürzere Innovationszyklen, die immens gestiegenen F&E-Kosten, sowie mangelnde Ressourcen.[31] Dieses Kapitel soll ein grundlegendes Verständnis für Open Innovation vermitteln. In Abschnitt 3.1 wird der Unterschied zwischen dem traditionellen Ansatz der Closed Innovation und dem vergleichsweise jungen Ansatz der Open Innovation aufgezeigt werden. Abschnitt 3.2 beschäftigt sich mit dem Open Innovation Ansatz der Autoren Reichwald/Piller, die den Fokus auf den Kunden als (Co-)Innovator legen. Abschnitt 3.3. liefert dann einen kurzen Exkurs in die urheberrechtliche Problematik, die bei Open Innovation auftreten kann.

3.1 Closed Innovation vs. Open Innovation

Im 20.Jahrhundert galt das Modell der Closed Innovation als der einzig richtige Weg Innovationen zu entwickeln und auf den Markt zu bringen. Ideen wurden innerhalb der Unternehmensgrenzen generiert, entwickelt und kommerzialisiert (s. Abb. 3).

---

28 Vgl. http://www.crowdspirit.com/
29 Vgl. http://www.cambrianhouse.com/
30 Vgl. http://www.suite101.de/
31 Vgl. Gassmann, O./Enkel, E., Theory of Open Innovation, 2004, S. 1.

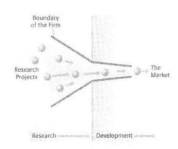

Abbildung 3: Closed Innovation Modell

Quelle: Chesbrough, H., The Era of Open Innovation, 2003, S.36

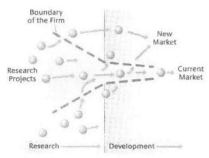

Abbildung 4: Open Innovation Modell

Quelle: Chesbrough, H., The Era of Open Innovation, 2003, S.37

Doch gegen Ende des 20.Jahrhunderts begann, durch eine Kombination von verschiedenen Faktoren (s. Einleitung zu diesem Kapitel) die Vormachtstellung des Closed Innovation Modells zu erodieren.[32] Durch diese Entwicklung sind Firmen gezwungen ihren Innovationsprozess zu öffnen, um durch die Einbeziehung externer Partner wie etwa anderer Firmen, Lieferanten, Kunden oder Institutionen wie Hochschulen ihr Innovationspozenzial zu erhöhen. Diese Öffnung des Innovationsprozesses wird Open Innovation genannt (s. Abb. 4).[33] Beim Ansatz der Open Innovation werden Ideen nicht nur innerhalb der Unternehmensgrenzen gesucht, sondern auch unter Einbeziehung von externen Partnern. Des weiteren wird versucht Innovationen, die durch das eigene Unternehmen nicht kommerziell erfolgreich an den Markt gebracht werden können, durch andere Kanäle erfolgreich zu kommerzialisieren, wie z.B. Spin-Offs.[34]

Gassmann und Enkel bauten auf diesem Modell von Chesbrough auf und arbeiteten drei Kernprozesse von Open Innovation heraus(s. Abb. 5):[35]

(1) Outside-In Prozess

---

32 Vgl. Chesbrough,H., The Era of Open Innovation, 2003, S. 36.
33 Vgl. Gassmann, O./Enkel,E., Open Innovation, 2006, S.132.
34 Vgl. Chesbrough,H., The Era of Open Innovation, 2003, S. 37.
35 Vgl. Gassmann, O./Enkel, E., Theory of Open Innovation, 2004, S. 6.

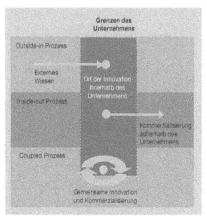

Durch Integration von Lieferanten und Kunden kann die eigene Wissensbasis im Unternehmen angereichert und so die Fähigkeit zum Innovieren gesteigert werden

(2) Inside-Out Prozess

Durch externe Kommerzialisierung von Ideen oder Verkauf von geistigem Eigentum werden Gewinne erwirtschaftet.

Abbildung 5: 3 Prozesstypen von Open Innovation nach Gassmann/Enkel

Quelle: Gassmann, O./Enkel, E., Open Innovation, 2006, S.133

(3) Coupled Prozess

Kombination aus Outside-In und Inside-Out Prozess, durch Allianzen mit gleichwertigen Partnern.

Für den weiteren Verlauf dieser Arbeit ist vor allem der Outside-In Prozess interessant, da zu den externen Akteuren auch der Kunde zählt. Im folgenden Abschnitt soll daher der Open Innovation Ansatz der Autoren Reichwald/Piller näher betrachtet werden, da sie den Fokus auf den Kunden eines Unternehmens als externen Innovationspartner legen.

3.2   Open Innovation Ansatz nach Reichwald/Piller

In ihrem Buch „Interaktive Wertschöpfung" propagieren die Autoren Reichwald und Piller ihr Modell der interaktiven Wertschöpfung. Interaktive Wertschöpfung in ihrem Sinne bedeutet eine Zusammenarbeit des Unternehmens mit externen Akteuren (vorrangig Kunden) aus dessen Umfeld innerhalb eines sozialen Austauschprozesses. Besonderen Wert legen die Autoren dabei auf die freiwillige und aktive Teilnahme des externen Wertschöpfungspartners.[36] Bei der interaktiven Wertschöpfung können zwei Formen unterschieden werden, durch die externe Akteure einbezogen werden können: Mass Customization und Open Innovation.[37]

---

36 Vgl. Reichwald, R./Piller, F., Interaktive Wertschöpfung, 2009, S.45.
37 Vgl. Reichwald, R./Piller, F., Interaktive Wertschöpfung, 2009, S.53.

Dieser Abschnitt befasst sich, wie der Titel schon sagt, mit dem Open Innovation Ansatz der Autoren Reichwald und Piller. Ihr Open Innovation Ansatz ist kein gänzlich neuer, vielmehr bauen sie auf den Überlegungen Chesbroughs (s. Abschnitt 3.1) auf.[38] Sie legen den Fokus speziell auf den Kunden, als externen Akteur, den es in den Innovationsprozess zu integrieren gilt. Für sie ist der Kunde nicht passiver Empfänger von Leistungen, sondern tritt als aktiver Wertschöpfungspartner des Unternehmens auf, der sich an der Entwicklung, Gestaltung und Herstellung der Produkte beteiligt.[39]

Durch diese Integration des Kunden in alle Phasen des Innovationsprozesses soll ein besserer Zugang zu Bedürfnisinformationen gewährleistet werden. Während durch die Zusammenarbeit mit einem großen stark differenzierten Netzwerk von externen Experten der Zugang zu Lösungsinformationen verbessert werden soll. Da diese Zusammenarbeit in Form einer offenen Ausschreibung bzw. eines offenen Aufrufs zur Partizipation geschehen soll, wird hier die Verbindung zu Crowdsourcing deutlich (s. Kap 2 insbes. Abschnitt 2.3 Crowdsourcingtypen „Offener Ideenwettbewerb" und „Der ergebnisorientierte virtuelle Microjob"). Ziel von Open Innovation ist es daher durch den besseren Zugang zu Bedürfnis- und Lösungsinformationen die Effizienz und Effektivität des Innovationsprozesses zu steigern.[40]

Abschließend sei noch zu erwähnen, dass sowohl der Open Innovation Ansatz nach Reichwald/Piller, als auch der Ansatz von Chesbrough die interne F&E nicht ersetzen, sondern lediglich ergänzen sollen. Durch den besseren Zugang zu Bedürfnisinformationen können Unsicherheiten im Innovationsprozess vermindert oder gar beseitigt werden.[41] So fallen z.B. Produkt- und Markttests nicht weg, aber durch die aktive Integration der Kunden in den Innovationsprozess können sie mit wesentlich weniger Aufwand betrieben werden.[42]

3.3   Urheberrechtliche Problematik bei Open Innovation

Schon auf den ersten Blick ist zu erkennen, dass es bei kollaborativer F&E zu urheberrechtlichen Problemen kommen kann. Man hat nun zusammen mit externen Partnern, seien es Lieferanten, Kunden oder gar Konkurrenten, gemeinsam eine Innovation entwickelt. Doch wessen

---

38 Vgl. Faber, M., Open Innovation, 2008, S. 2.
39 Vgl. Reichwald, R./Piller, F., Interaktive Wertschöpfung, 2009, S. 1; S. 153f.
40 Vgl. Reichwald, R./Piller, F., Interaktive Wertschöpfung, 2009, S. 153f.
41 Vgl. Reichwald, R./Piller, F., Interaktive Wertschöpfung, 2009, S. 156.
42 Vgl. Reichwald, R./Piller, F., Interaktive Wertschöpfung, 2009, S. 124.

geistiges Eigentum ist diese Innovation nun? Wer darf sie auf den Markt bringen, also kommerzialisieren?

Schon diese kurzen Überlegungen zeigen, dass eine Kooperation im Innovationsprozess auch Risiken bergen kann. Für eine Zusammenarbeit mit Kunden wären dies im Kontext geistiges Eigentum z.B:[43]

- Know-How Verlust

- Urheberrechtliche Streitigkeiten, da durch den Kunden ins Unternehmen gelangtes Wissen bereits im Unternehmen vorhanden war

Es ist gut denkbar, dass diese Risiken ebenfalls bei Kooperationen mit anderen externen Partnern wie etwa Lieferanten oder Konkurrenten auftreten können. Daher ist es wichtig vor dem Beginn einer solchen Kooperation klare Regelungen zwischen den Kooperationspartnern zu vereinbaren, bezüglich Verwendung, Vermarktung und Besitz, des aus der Kooperation resultierenden geistigen Eigentums.[44] Mindestens ebenso wichtig ist eine Aufstellung des bereits im Unternehmen bestehenden geistigen Eigentums, um etwaige Urheberrechtsstreitigkeiten zu vermeiden, sowie eine Exit-Strategie zu formulieren, für den Fall, dass die Kooperation scheitert.[45]

4   Einsatzpotentiale für das Customer Experience Management

In einer Studie aus dem Jahr 2009, in der 869 Top-Manager aus aller Welt zum Thema Customer Experience Management (CEM) befragt wurden, konstatierten 80 % von ihnen dem CEM eine steigende Bedeutung in der Agenda ihres Unternehmens.[46] Dies lässt auf die außerordentliche Bedeutung dieses Managementansatzes schließen. Abschnitt 4.1 soll zeigen was sich hinter CEM verbirgt und welche Ziele damit verfolgt werden. Die Abschnitte 4.2 und 4.3 stellen dar, wie der Einsatz der bereits vorgestellten Konzepte Crowdsourcing (s. Kap. 2) und Open Innovation (s. Kap. 3) zu einem erfolgreichen CEM beitragen können.

---

43 Vgl. Gassmann, O./Kausch, C./Enkel, E., Einbeziehung des Kunden, 2005, S.11.
44 Vgl. Gassmann, O./Kausch, C./Enkel, E., Einbeziehung des Kunden, 2005, S.11.
45 Vgl. Bader, M., Intellectual Property Management, 2006, S. 190.
46 Vgl. Strativity(Hrsg.), CEM Benchmark, 2009, S. 3.

4.1   Grundlagen Customer Experience Management

Der Markt des 21.Jahrhunderts ist umkämpfter denn je. Die zunehmende Vereinheitlichung des Produktangebots und verstärkter Konkurrenzdruck führen dazu, dass Preis, Funktionalität, Qualität und Service nicht mehr ausreichen, um sich von der Konkurrenz zu differenzieren. Doch was bleibt dann noch? Die Schaffung eines verbesserten und intensivierten Kundenerlebnisses könnte die Lösung sein. Die Autoren einer IBM-Studie zum Thema Customer Experience Management gehen sogar soweit in dem CEM-Ansatz den Schlüssel zu künftigen Markenwachstum zu sehen.[47] Doch was genau verbirgt sich hinter dem Begriff Customer Experience Management? Dieser Abschnitt soll diese und weitere Fragen beantworten.

Schmitt definiert CEM wie folgt:

„Customer Experience Management (CEM) ist der Prozess des strategischen Managements aller Kundenerlebnisse mit einer Marke an sämtlichen Kontaktpunkten."[48]

CEM ist also ein Managementkonzept, dass sich am Kunden orientiert und bei dem die Analyse der Kundenerlebnisse im Mittelpunkt stehen. CEM ist nicht nur Produkt- und/oder Transaktionsfixiert, sondern zieht sämtliche, für den Kunden bedeutsame Ereignisse und Erlebnisse vor, während und nach dem Kauf in Betracht. Ziel des CEM-Ansatzes ist es daher die Kundenbedürnisse zu verstehen, um auf dieser Grundlage eine Beziehung zum Kunden aufzubauen und somit der Unternehmung einen Wettbewerbsvorteil zu schaffen.[49]

Als zentrale Aufgabe für das CEM ergibt sich daraus, die Entwicklung einer Strategie, basierend auf der Analyse der Erlebniswelt des Kunden, mit der es möglich ist ansprechende Erlebnisse mit der Marke an allen Kundenkontaktpunkten zu schaffen.[50] Dies wird durch die Erlgebnisse einer aktuelle Studie der Firma Detecon aus dem Jahr 2010 zum Thema CEM bestätigt. So antworteten von 37 befragten Experten und Managern auf die Frage, was sie unter CEM verstünden 53% mit „Das Schaffen von positiven Kundenerlebnissen". 42% war die Konsistenz der Erlebnisse über alle Kundenkontaktpunkte hinweg besonders wichtig.[51]

Es werden grundsätzlich fünf verschiedene Erlebnistypen im CEM-Ansatz unterschieden: sensorische, affektive, kognitive, verhaltensbezogene und soziale Erlebnisse. Jeder dieser Er-

---

47 Vgl. IBM Business Consulting Services (Hrsg.), 20:20 Consumer Experience, 2005, S.2.
48 Schmitt, B./Mangold, M., Kundenerlebnis, 2004, S. 23.
49 Vgl. Schmitt, B., CEM, 2009, S. 699f.
50 Vgl. Schmitt, B., CEM, 2009, S. 702.
51 Vgl. Detecon Consulting (Hrsg.), CEM, 2010, S.16.

lebnistypen hat eine eigene Struktur und eigene Abläufe.[52] Tabelle 2 listet die Erlebnistypen nochmals auf und liefert jeweils eine kurze Beschreibung.

Sensorische Erlebnisse	Wahrnehmung über Sinne: Sehen, Hören, Fühlen, Schmecken, Riechen Werden ausgelöst durch Stile und Motive der Produkte, Kommunikation, Events, etc.
Affektive Erlebnisse	Gefühle, wie etwa eine positive Stimmung gegenüber dem Produkt bis hin zu Freude und Stolz. Diese Gefühle entstehen meistens beim Gebrauch des Produktes
Kognitive Erlebnisse	Sprechen den Intellekt des Kunden an. Regen den Kunden an sich mit dem Produkt auseinander zu setzen. Aktivierung durch Überraschung, Provokation oder Faszination.
Verhaltensbezogene Erlebnisse	Dem Kunden sollen alternative Lebensstile, Nutzungsarten und Interaktionsmöglichkeiten vermittelt werden, die die Marke ermöglicht.
Soziale Erlebnisse	Enthalten Aspekte aus allen Erlebnistypen und setzen diese in einen sozialen Rahmen. Der Kunde bekommt das Gefühl der sozialen Zugehörigkeit

Tabelle 2: Die Erlebnistypen
Quelle: Eigene Darstellung, vgl. Vgl. Schmitt, B., CEM, 2009, S. 703ff.

Für die praktische Umsetzung des CEM Ansatzes entwickelte Schmitt ein fünf Stufen Modell:[53]

- **Stufe 1: Analyse des Kundenerlebnisses**

    Einblick in die Erlebniswelt des Kunden erlangen, unter besonderer Berücksichtigung seiner Lebenswelt, Bedürfnissen und Wünschen

- **Stufe 2: Entwicklung der Erlebnisplattform**

    Die Erlebnisplattform verknüpft Strategie mit Umsetzung, beinhaltet die Erlebnispositionierung und verdeutlicht den Nutzen den der Kunde von der Marke erwarten kann

- **Stufe 3: Design des Markenerlebnisses**

    Das Markenerlebnis wird vor allem durch die Erlebnistreiber Produkt, Verpackung, sensorische und verbale Identität, Kommunikation und Co-Branding geprägt.[54]

- **Stufe 4: Gestaltung der Kundenkontaktpunkte**

---

52 Vgl. Schmitt, B., CEM, 2009, S. 702f.
53 Vgl. Schmitt, B., CEM, 2009, S. 706ff.
54 Vgl. Schmitt, B./Mangold, M. , Kundenerlebnis, 2004, S.109.

Die Schnittstellen zum Kunden haben einen erheblichen Einfluss auf das Kundenerlebnis. Daher ist die einheitliche Gestaltung der Kundenkontaktpunkte analog zur entwickelten Erlebnisplattform für konsistente Kundenerlebnisse wichtig

- **Stufe 5: Kunden zentrierte Ausrichtung der Organisation**

    Zur Umsetzung des CEM-Ansatzes müssen innerhalb des Unternehmens die nötigen Strukturen und Ressourcen vorhanden sein. Wichtigster Erfolgsfaktor ist hierbei der Mitarbeiter. Dies bestätigen die Ergebnisse der Detecon-Studie. Hier gaben 59 % der Befragten den Mitarbeiter als Erfolgsfaktor Nummer Eins für CEM an.[55]

4.2   Einsatzpotentiale des Crowdsourcings

Bereits in Kapitel 2 dieser Arbeit wurde das relativ junge Phänomen Crowdsourcing vorgestellt. In diesem Abschnitt soll nun untersucht werden, ob der Einsatz von Crowdsourcing das Customer Experience Management unterstützen kann. Diese Idee scheint nicht ganz abwegig zu sein. So gilt als eine der wichtigsten Aufgaben des CEM, sich in den Kunden hineinzuversetzen und herauszubekommen, wie er lebt, denkt und fühlt. Immerhin 36 % aller Befragten Experten und Manager gaben in der Detecon-Studie die Einahme der Kundenperspektive als wichtigste Aufgabe des CEM an.[56] Und wer kennt die Kunden besser als sie selbst? Es liegt nahe die Kunden in die Konzeption und Erstellung von Marketingkampagnen miteinzubeziehen. Im Folgenden soll anhand von zwei Fallbeispielen die Einsatzpotentiale für das CEM geschildert werden.

Im US-Fernsehen sind die Sendeplätze während des alljährlichen Superbowls die begehrtesten und zugleich teuersten in der TV-Werbung. Dreißig Sekunden Sendezeit kosten zwei Millionen US-Dollar. Die Firma Doritos, ein Hersteller von Tortilla-Chips, entschied sich in diesem Jahr bereits zum vierten Mal seine Werbespots für den Superbowl nicht von einer Agentur, sondern von seinen Kunden per Crowdsourcing unter dem Motto „Crash the Superbowl"[57] erstellen zu lassen. Insgesamt wurden drei Werbespots gesucht.[58] Jeder, der mindestens 18

---

55 Vgl. Detecon Consulting (Hrsg.), CEM, 2010, S.24.
56 Vgl. Detecon Consulting (Hrsg.), CEM, 2010, S.16.
57 http://www.crashthesuperbowl.com/
58 Vgl. Roskos, M., Doritos und der Superbowl, 2010, o.S.

Jahre alt ist und in den USA lebt war zur Teilnahme berechtigt. Aus den über 4000 Einsendungen wurden sechs Finalisten ausgewählt, aus denen die User ihren Favoriten wählen konnten. Die drei Erstplatzierten Werbespots wurden dann während der Übertragung des Superbowls ausgestrahlt.[59]

Ein weiteres Beispiel für die erfolgreiche Einbindung von Crowdsourcing in eine Marketingkampagne bietet die Erfrischungsgetränke Marke Mountain Dew der Firma Pepsi. Ziel der Kampagne war es die User über eine neue Geschmacksrichtung entscheiden zu lassen. Hierzu sollten sich die User per Videoeinsendung um eines von fünfzig Probiersets mit sieben verschiedenen Geschmacksrichtungen bewerben. Die Gewinner durften dann per Voting entscheiden welche Geschmacksrichtung auf den Markt kommt.[60]

Durch die aktive Einbeziehung des Kunden kommunizieren beide Marken vor allem eines: Wertschätzung gegenüber dem Kunden. Für die in der Detecon-Studie befragten Experten und Manager, mit 33 % der Nennungen das zweit wichtigste Kundenerlebnis, das sie vermitteln wollen.[61] Die Studie wurde zwar in der Telekommunikationsbranche durchgeführt, doch sind die Ergebnisse z.T. auch auf andere Branchen übertragbar. Innerhalb dieser Crowdsourcing-Projekte beschäftigen sich die Kunden mit der Marke, so entsteht ein direkter Kontakt zwischen Marke und Kunde.[62]

Doch Crowdsourcing bietet noch weitere Einsatzpotentiale für das CEM wie die beiden Fallbeispiele verdeutlichen. Speziell für die erste Stufe des CEM-Ansatzes bei der es die Erlebniswelt des Kunden zu analysieren gilt (s. Abschnitt 4.1). Durch die mehr als 4000 Einsendungen erhält Dorito unschätzbare Informationen über die Erlebniswelt der Kunden. Diese Informationen sind u.a. deshalb so wertvoll, weil sie aktiv und freiwillig an das Unternehmen herangetragen werden. Schmitt spricht hier von Customer Insight, das für die Entwicklung und die Implementierung der Erlebnisplattform sehr wichtig ist.[63] Darüber hinaus erschließt sich Dorito ein riesiges Kreativitätspotenzial, das sich für zukünftige Werbekampagnen nutzen lässt.[64] So gestalten die Kunden einen wichtigen Erlebnistreiber der Marke selbst: die Kommunikati-

---

59 Vgl. Sekulla, M., Crash the Superbowl, 2010, o.S.
60 Vgl. Sekulla, M., Werbung durch Social Media, 2009, o.S.
61 Vgl. Detecon Consulting (Hrsg.), CEM, 2010, S.18.
62 Vgl. Roskos, M., Crowdsourcing, 2009, o.S.
63 Vgl. Schmitt, B./Mangold, M. , Kundenerlebnis, 2004, S. 54.
64 Vgl. Sekulla, M., Crash the Superbowl, 2010, o.S.

on.[65] Sie tragen damit zum Design des Markenerlebnisses (Dritte Stufe im CEM-Ansatz) aktiv bei. Der Sieger-Werbespot der Dorito Kampagne landete auf dem zweiten Platz beim Ad Meter von USA Today. Hier werden sekundengenau die Reaktionen eines Zuschauerpanels ausgewertet und von gut nach schlecht gerankt.[66] Dieses Ergebnis ist ein deutliches Indiz, dass Werbung von Kunden für Kunden ankommt, was nicht allzu sehr überrascht, denn wer kennt die Erlebniswelt einer Zielgruppe besser als die Zielgruppe selbst?

In der Mountain Dew Kampagne wurde ein anderer Erlebnistreiber der Marke durch Crowdsourcing unterstützt: das Produkt. Anstatt aufwändige Marktforschung zu betreiben wurden die Kunden aufgefordert sich aktiv als Produkttester zu bewerben. Hier wurden genauso wie bei der Dorito Kampagne ein unschätzbar wertvoller Pool an Kreativität und Informationen über die Erlebniswelt des Kunden gesammelt. Darüber hinaus wird das Risiko eines Flops reduziert, da ein Teil der Kunden selbst bestimmen durften welche Geschmacksrichtung produziert werden soll. Dadurch ist die Wahrscheinlichkeit viel höher, dass das neue Produkt bei der Zielgruppe ankommt.

Die Liste von Crowdsourcing-Projekten, die einen oder mehrere Erlebnistreiber der Marke positiv beeinflussten ließe sich vorsetzten. So lies z.B. Sennheiser ein Soundlogo für seine Marke per Crowdsourcing entwerfen. Fiat erhob vorab Designvorschläge für sein neues Modell Fiat500, etc.[67]

Durch die vorgestellten Fallbeispiele wird deutlich, dass Crowdsourcing durchaus Einsatzpotentiale für das CEM birgt. So können bspw. Informationen über die Erlebniswelt des Kunden gesammelt werden, um ein besseres Customer Insight zu erlangen und somit eine verbesserte Erlebnisplattform zu schaffen. Darüber hinaus kann das Crowdsourcing beim Design des Markenerlebnisses unterstützen. Die Kunden designen per Crowdsourcing viele Erlebnistreiber der Marke selbst mit. So z.B. das Produkt (s. Mountain Dew) oder die Kommunikation (s. Dorito). Anzumerken ist hierbei jedoch, dass diese Maßnahmen einer bereits starken Marke bedürfen, um eine genügend hohe Teilnehmeranzahl zu erlangen. Bei einer neu gestarteten oder noch unbekannten Marke hätte ein Unternehmen sicherlich Schwierigkeiten ein solches Crowdsourcing-Projekt erfolgreich durchzuführen.[68]

---

65 Vgl. Schmitt, B./Mangold, M. , Kundenerlebnis, 2004, S. 114.
66 Vgl. USA Today (Hrsg.), Ad Meter, 2010, o.S.
67 Vgl. Roskos, M., Crowdsourcing-Projekte, 2009, o.S.
68 Vgl. Roskos, M., Crowdsourcing, 2009, o.S.

Da Crowdsourcing ein gewisses Einsatzpotential für das CEM birgt liegt nahe, dass das sehr eng mit Crowdsourcing verbundene Konzept der Open Innovation (s. Kap. 3) sich ebenso im CEM einsetzen lässt. Dies soll im folgenden Abschnitt untersucht werden.

4.3   Einsatzpotentiale von Open Innovation

Wie bereits in dieser Arbeit erwähnt bringt das Konzept der Open Innovation, wenn richtig angewendet, für Unternehmen spürbare Verbesserungen für den Innovationsprozess mit sich (s. Kap. 3). Ein performanter Innovationsprozess hat positive Auswirkungen auf das CEM. Stetige Innovationen können das Kundenerlebnis nachhaltig verbessern:[69]

- Innovation steigert den Wunsch des Kunden nach weiterem Kontakt zum Unternehmen. Sie trägt also zur Kundenbindung bei.

- Innovation verbessert das Leben der Kunden. Durch neue Lösungen werden neue Erlebnisse für den Kunden geschaffen.

- Innovation kann dem Unternehmen ein Image von Relevanz vermitteln, da die neusten Trends verfolgt oder u.U. sogar gesetzt werden.

Aus den genannten Gründen integrieren viele Unternehmen ihre Kunden bereits in den Innovationsprozess. Oftmals wird dabei auf Crowdsourcing zurückgegriffen, in Form eines offenen Ideenwettbewerbs (s. Abschnitt 2.3). Beispiele hierfür sind BMW (Virtuelle Innovationsagentur)[70], Ford (New Ideas)[71], Starbucks (My Starbucks Idea)[72] oder Dell (Ideastorm)[73].

Diese Projekte sind durchaus von Erfolg gekrönt. So erhielt Dell über Ideastorm seit dem Start Februar 2007 über 10.000 Ideen und setzte davon fast 400 in die Tat um. Ähnlich wie bei den im vorherigen Abschnitt vorgestellten Fallbeispielen, erschließt sich dem Unternehmen ein riesiger Pool an kreativen Ideen, sowie ein Fülle von Informationen über die Erlebniswelt der Kunden, was wiederum zur Verbesserung des Customer Insight beiträgt.

Eine weitere Parallele zu den vorherigen Fallbeispielen ist die dem Kunde gegenüber zum Ausdruck gebrachte Wertschätzung, durch seine Integration in den Innovationsprozess. Dem

69 Vgl. Schmitt, B./Mangold, M. , Kundenerlebnis, 2004, S. 57f.
70 http://www.bmwgroup.com/via/
71 http://fordnewideas.com/main/home.html
72 http://mystarbucksidea.force.com/
73 http://www.ideastorm.com

Kunden wird vermittelt, dass seine Meinungen und Ideen gehört und geschätzt werden. Dies kann, neben der intensiveren Beschäftigung mit der Marke seitens des Kunden, zu einer gesteigerten Identifikation mit der Marke führen. Wenn seine Idee in die Tat umgesetzt wird, kann dies z.B. dazu führen, dass der Kunde sogar zu einer Art Botschafter der Marke wird und diese per Mundpropaganda weiterempfiehlt. Eine positive Korrelation zwischen Kundenerlebnis und Weiterempfehlungsverhalten wurde in mehreren Studien nachgewiesen. Popp zieht den Schluss, dass die Emotionalität des Erlebnisses und die Stärke des Empfehlungsverhalten positiv korrelieren.[74] In einer Studie von Strativity wurde 2009 ein Zusammenhang zwischen der Investitionshöhe in CEM und dem Weiterempfehlungsverhalten festgestellt. So hatten Firmen, die 10 % oder mehr ihres Umsatzes in CEM investierten eine doppelt so hohe Weiterempfehlungsrate, gegenüber Unternehmen, die nur 2 % oder weniger in CEM investierten.[75]

Ein weiterer wichtiger Faktor des CEM, der durch den Einsatz von Open Innovation unterstützt wird ist die individuelle Bedürfnisbefriedigung. In der Detecon-Studie wird die individuelle Bedürfnisbefriedigung als wichtigste Erfahrung und Voraussetzung für den Erfolg von CEM genannt.[76] Durch den Einsatz von Open Innovation steigt die Wahrscheinlichkeit, dass die Leistungen des neu entwickelten Produkts die Bedürfnisse der Kunden befriedigt.[77]

Die Ausführungen machen deutlich, dass der Einsatz von Open Innovation Potentiale für das CEM mit sich bringt. Durch die Einbindung des Kunden in den Innovationsprozess wird ihm nicht nur Wertschätzung entgegengebracht, sondern er kann seine Bedürfnisse artikulieren und sie ggf. sogar in ein neues Produkt einfließen lassen. So kann ein hohes Maß an individueller Bedürfnisbefriedigung erreicht werden, was wiederum zu positiven Erlebnissen des Kunden mit dem Produkt bzw. der Marke führt. Dies kann soweit gehen, das einzelne Kunden zu Botschaftern des Unternehmens und sich die Weiterempfehlungsrate erhöht. Wird der Einsatz von Open Innovation mit Crowdsourcing kombiniert so können die positiven Auswirkungen von beiden Ansätzen auf das CEM genutzt werden. Der Kunde erhält durch die ihm vom Unternehmen entgegengebrachte Wertschätzung ein positives Erlebnis und das Unternehmen kann das Customer Insight verbessern.

---

74 Vgl. Popp, W., CEX, 2005, S.72.
75 Vgl. Strativity(Hrsg.), CEM Benchmark, 2009, S. 4f.
76 Vgl. Detecon Consulting (Hrsg.), CEM, 2010, S.18.
77 Vgl. Reichwald, R./Piller, F., Interaktive Wertschöpfung, S. 176.

5   Fazit & Ausblick

Gegenstand dieser Arbeit war die Einsatzpotentiale von Crowdsourcing und Open Innovation für das Customer Experience Management zu untersuchen. Nun hat der 2006 von Jeff Howe eingeführte Begriff Crowdsourcing auf den ersten Blick nicht sehr viel mit CEM zu tun. Handelt es sich bei Crowdsourcing doch vereinfacht gesagt um eine neue Form des Outsourcings. Doch schon ein Blick auf die verschiedenen Ausprägungsformen des Crowdsourcings lassen erahnen, dass hier mehr dahinter steckt als das pure Outsourcing. Insbesondere die Kategorien „Der offene Ideenwettbewerb" und „Der ergebnisorientierte virtuelle Microjob" (s. Abschnitt 2.3) waren bei den Betrachtungen in dieser Arbeit von Bedeutung.

Bei dem virtuellen Mircojob kann es um Aufgaben im Sinne des eigentlichen Outsourcing gehen, also Leistungen die im Unternehmen nicht mit der nötigen Effizienz gelöst werden können. Darunter können auch Aufgaben fallen wie bspw. das Erstellen eines Werbespots. Und genau hier liegt das Einsatzpotential von Crowdsourcing für das CEM. Man kann Crowdsourcing dazu benutzen, um die Kunden bspw. aktiv in Marketingkampagnen einzubinden, wie das Fallbeispiel von Dorito zeigt.

Hier wurden per Crowdsourcing drei Werbespots gesucht. Durch die Vielzahl an Einsendungen erhält die Firma einen sehr guten Einblick in die Erlebniswelt des Kunden und hat so eine bessere Basis für die weitere Entwicklung der Erlebnisplattform. Darüber hinaus gestalten die Kunden die Kommunikation als einen wichtigen Erlebnistreiber der Marke selbst mit, tragen also aktiv zum Design des Markenerlebnisses bei. Der zweite Platz des Sieger-Werbespots beim USA Today Ad-Meter ist Beleg dafür, dass die Erlebniswelt der Zielgruppe erreicht wurde.

Die Kategorie „Der offene Ideenwettbewerb" ist eng mit dem Open Innovation Ansatz nach Reichwald/Piller verwandt. Ging Chesbrough bei seinem Open Innovation Ansatz noch primär von interorganisationalen Netzwerken aus, so wird bei Reichwald/Piller der Kunde zum wichtigsten externen Akteur der in den innerbetrieblichen Innovationsprozess integriert werden soll. Betont wird dabei die freiwillige und aktive Mitarbeit der Kunden, die dazu per offenen Aufruf zur Teilnahme eingeladen werden. Hier wird die Verbindung von Crowdsourcing und dem Open Innovation Ansatz von Reichwald/Piller deutlich. Von der Integration des Kunden verspricht sich das Unternehmen vorrangig einen besseren Zugang zu Bedürfnis- und Lösungsinformationen. Aber auch für das CEM ergeben sich Vorteile aus der Zusammenarbeit von Kundschaft und Unternehmen im Innovationsprozess. Für den Kunden wird durch die entgegengebrachte Wertschätzung ein einzigartiges Erlebnis geschaffen. Der Kunde beschäftigt sich mit der Marke und kann sogar zum Botschafter der Marke werden, was sich positiv auf die Weiterempfehlungsrate auswirkt. Durch die Teilnahme des Kunden an der Produktentwicklung wird das Produkt als ein weitere Erlebnistreiber der Marke vom Konsumenten selbst gestaltet. Was für weitere positive Erlebnisse mit der Marke sorgt, da die individuelle Bedürnisbefriedigung steigt. Dazu kommen noch die positiven Auswirkungen von Innovationen an sich auf das Kundenerlebnis, z.B. neu geschaffene Erlebnisse durch neue Produkte (s. Abschnitt 4.3).

Zusammenfassend lässt sich Crowdsourcing und Open Innovation durchaus ein gewisses Einsatzpotential innerhalb des CEM attestieren. Jedoch muss erwähnt werden, das sich vor allem Crowdsourcing leichter bei bereits starken also bekannten Marken einsetzen lässt. Unbekannten bzw. neuen Marken wird es sicherlich schwer fallen eine genügend große Menge an Teilnehmern für ein Crowdsourcing-Projekt zu erreichen.

Die für die Zukunft bestehende Relevanz des CEM unterstützt von Crowdsourcing und Open Innovation wird durch einen Bericht über die Konsumtrends des kommenden Jahrzehnts des Zukunftsinstituts bestätigt. Ein zukünftiger Trend ist z.B. das sogenannte Mood Manufacturing. Hierbei geht es darum, dass zukünftige Produkte vermehrt die Sinne des Konsumenten ansprechen müssen, um so bestimmte Stimmungen auszulösen. Es wird also vermehrt auf sensorische Erlebnisse seitens des Kunden wert gelegt.[78] Um dies zu gewährleisten ist natürlich weiterhin ein gutes Customer Insight von Nöten, hier kann, wie bereits geschildert, Crowdsourcing unterstützend eingesetzt werden.

Ein weiterer Trend für die Zukunft ist „How-To". Die Konsumenten geben sich nicht mehr damit zufrieden Produkte durch Mass Customization rein äußerlich ihren Bedürfnissen anzupassen. Sie wollen den Nutzen eines Produktes optimieren, aber dazu benötigen sie Expertenwissen über die Funktionsweise des Produktes. Die Unternehmen müssen hier ansetzen und Wissen zu den Kunden transferieren.[79] Hier kann der Ansatz der Open Innovation unterstüt-

---

78 Vgl. Langwieser, C./Kirig, A., Konsument 2020, 2010, S.8ff.
79 Vgl. Langwieser, C./Kirig, A., Konsument 2020, 2010, S.26f.

zend wirken, um Kunden schon bei der Ideenfindung in den Innovationsprozess zu integrieren.

Der Wusch nach einem stärkeren Dialog von Seiten der Kunden wird ebenfalls als Trend in dem Bericht genannt. Der Kunde möchte vom Unternehmen ernst genommen und anerkannt werden. Speziell hier können Crowdsourcing und Open Innovation eingesetzt werden. Durch die aktive Mitarbeit können Kunden ihre Ideen und Kreativität einbringen, dadurch fühlen sie sich vom Unternehmen bestätigt und ernst genommen.[80]

Diese Trends machen deutlich, dass die Bedeutung von Crowdsourcing und Open Innovation für CEM in der kommenden Dekade noch steigen wird.

Literaturverzeichnis

Printquellen

Bader, Martin A. [Intellectual Property Management, 2006]: Intellectual Property Management in R&D Collaborations: The Case of the Service Industry Sector, 1.Aufl., Heidelberg: Physica, 2006

Brabham, Daren C. [Crowdsourcing, 2008]: Crowdsourcing as a Model for Problem Solving, in: Convergence, 14(2008), Nr.1, S. 75-90

Bruhn, Manfred [Handbuch Kommunikation, 2009]: Handbuch Kommunikation: Grundlagen – Innovative Ansätze – Praktische Umsetzungen, 1.Aufl., Wiesbaden: Gabler, 2009.

Chesbrough, Henry W. [The Era of Open Innovation, 2003]: The Era of Open Innovation, in: MIT Sloan Management Review, 44(2003), Nr. 3, S.34-42

Faber, Markus [Open Innovation, 2008]: Open Innovation: Ansätze, Strategien und Geschäftsmodelle, 1.Aufl., Wiesbaden: Gabler, 2008

Gassmann, Oliver/Enkel, Ellen [Open Innovation, 2006]: Open Innovation: Die Öffnung des Innovationsprozesses erhöht das Innovationspotenzial, in: zfo, 75(2006), Nr.3, S.132-138

Gassmann,Oliver/Kausch, Christoph/Enkel, Ellen [Einbeziehung des Kunden, 2005]: Einbeziehung des Kunden in einer frühen Phase des Innovationsprozesses, in: Thexis, 22(2005), Nr.2, S.9-12

Horx, Matthias [Konsument 2010]: Konsument 2010: Eine Konsumentenstudie des Zukunftsinstituts, 1.Aufl., Bonn: Verl. Neue Märkte, 2000

Langwieser, Corinna/Kirig, Anja [Konsument 2020, 2010]: Konsument 2020: die wichtigsten Konsumtrends im Wandel der Zeit, 1.Aufl., Kelkheim: Zukunftsinstitut, 2010

---

80 Vgl. Langwieser, C./Kirig, A., Konsument 2020, 2010, S.84ff.

Papsdorf, Christian [Surfen, 2009]: Wie Surfen zu Arbeit wird: Crowdsourcing im Web 2.0, 1.Aufl., Frankfurt/Main: Campus, 2009

Popp, Wolfgang [CEX, 2005]: Customer Experience (CEX) und Weiterempfehlungsverhalten: Theoretische Bezüge und Managementimplikationen, 1.Aufl., München: FGM, 2005

Reichwald, Ralf/Piller, Frank Thomas [Interaktive Wertschöpfung, 2009]: Interaktive Wertschöpfung: Open Innovation, Individualisierung und neue Formen der Arbeitsteilung, 2. vollst. überarb. und erw. Aufl., Wiesbaden: Gabler, 2009

Schmitt, Bernd H. [CEM, 2009]: Customer Experience Management, in: Bruhn, M., Handbuch Kommunikatiom, 2009, S. 697-712.

Schmitt, Bernd H./Mangold, Marc [Kundenerlebnis, 2004]: Kundenerlebnis als Wettbewerbsvorteil: Mit Customer Experience Management Marken und Märkte Gewinn bringend gestalten, 1.Aufl., Wiesbaden: Gabler, 2004

Internetquellen

Detecon Consulting (Hrsg.) [CEM, 2010]: Customer Experience Management in der Telekommunikationsbranche: Marktstudie und Handlungsempfehlungen zur optimalen Gestaltung von Kundenerlebnissen, 2010, http://www.forum-mainz.de/files/cem_studie_final_de_klein.pdf (09.05.2010)

Gassmann, Oliver/Enkel, Ellen [Theory of Open Innovation, 2004]: Towards a Theory of Open Innovation: Three Core Process Archetypes, http://www.alexandria.unisg.ch/EXPORT/DL/20417.pdf (09.05.2010)

Howe, Jeff [The Rise of Crowdsourcing, 2006]: The Rise of Crowdsourcing, 2006, http://www.wired.com/wired/archive/14.06/crowds.html (09.05.2010)

Howe, Jeff [Crowdsourcing: A Definition, 2007]: Crowdsourcing: A Definition, 2007, http://www.crowdsourcing.com/ (09.05.2010)

IBM Business Consulting Services (Hrsg.) [20:20 Customer Experience, 2005]: 20:20 Customer Experience: Forget CRM – Long Live the Customer!, 2005, http://www-935.ibm.com/services/de/bcs/pdf/2006/20-20-customer-experience.pdf, (09.05.2010)

Roskos, Matias, [Crowdsourcing, 2009]: Crowdsourcing als Marketingbaustein am Beispiel der Mountain Dew Kampagne, 2009, http://www.socialnetworkstrategien.de/2009/08/crowdsourcing-als-marketingbaustein-am-beispiel-der-mountain-dew-kampagne, (09.05.2010)

Roskos, Matia, [Crowdsourcing-Projekte, 2009]: 12 gelungene Crowdsourcing.Projekte, 2009, http://www.socialnetworkstrategien.de/2009/08/12-gelungene-crowdsourcing-projekte, (09.05.2010)

Roskos, Matias, [Doritos und der Superbowl, 2010]: 5 Millionen US-Dollar – Doritos und der Superbowl 2010, http://www.socialnetworkstrategien.de/2010/01/5-millionen-us-dollar-doritos-und-der-superbowl-2010, (09.05.2010)

Sekulla, Markus [Werbung durch Social Media, 2009]: Werbung durch Social Media – Was deutsche Unternehmen von Mountain Dew lernen können, http://krawattentraeger.de/2009/08/11/werbung-social-media-deutsche-unternehmen-mountain-dew-lernen-koennen, (09.05.2010)

Sekulla, Markus [Crash the Superbowl, 2010]: Doritos – Crash the Superbowl – Crowdsourcing mit System, http://krawattentraeger.de/2010/01/10/doritos-crash-the-superbowl-crowdsourcing-mit-tradition, (09.05.2010)

Strativity (Hrsg.) [CEM Benchmark, 2009]: 2009 Customer Experience Management Benchmark Study: Sustaining a Profitable Business in Challenging Economic Times – Executive Summary, 2009, http://www.strativity.com/pdf/2009CEMStudyExecSummary-final.pdf (09.05.2010)

USA Today (Hrsg.) [Ad Meter, 2010]: 2010 USA Today Ad Meter tracks Super Bowl XLIV ads, 2010, http://www.usatoday.com/money/advertising/admeter/2010admeter.htm, (09.05.2010)

Viitamäki, Sami [Focus, 2007]: The FLIRT Model of Crowdsourcing: Focus, 2007, http://www.samiviitamaki.com/?p=61, (09.05.2010)

Viitamäki, Sami [Incentives, 2007]: The FLIRT Model of Crowdsourcing: Incentives, 2007, http://www.samiviitamaki.com/?p=76, (09.05.2010)

Viitamäki, Sami [Language, 2007]: The FLIRT Model of Crowdsourcing: Language, 2007, http://www.samiviitamaki.com/?p=68, (09.05.2010)

Viitamäki, Sami [Rules, 2007]: The FLIRT Model of Crowdsourcing: Rules, 2007, http://www.samiviitamaki.com/?p=81, (09.05.2010)

Viitamäki, Sami [The Flirt Model, 2007]: The FLIRT Model of Crowdsourcing/Collective Customer Collaboration, 2007, http://www.samiviitamaki.com/?p=25&cpage=1, (09.05.2010)

Viitamäki, Sami [The Flirt Model Update, 2007]: The FLIRT Model of Crowdsourcing: The Updated Model and Background, 2007, http://www.samiviitamaki.com/?p=60, (09.05.2010)

Viitamäki, Sami [Tools, 2007]: The FLIRT Model of Crowdsourcing: Tools, 2007, http://www.samiviitamaki.com/?p=83, (09.05.2010)